AF494194

L'EMPIRE JAPONAIS

ET

LES ARCHIVES DE M. DE SIEBOLD.

EXTRAIT N° 11 DE L'ANNÉE 1861

DU JOURNAL ASIATIQUE.

L'EMPIRE JAPONAIS

ET

LES ARCHIVES DE M. DE SIEBOLD,

PAR LÉON DE ROSNY.

MEMBRE DU CONSEIL DE LA SOCIÉTÉ D'ETHNOGRAPHIE,
DE LA SOCIÉTÉ ASIATIQUE DE PARIS,
DE LA SOCIÉTÉ IMPÉRIALE DES SCIENCES, ARTS ET BELLES-LETTRES DE LILLE,
CORRESPONDANT DE LA SOCIÉTÉ ORIENTALE DE NEW-HAVEN (AMÉRIQUE), ETC.
OFFICIER DE PLUSIEURS ORDRES.

PARIS.

IMPRIMERIE IMPÉRIALE.

M DCCC LXII.

L'EMPIRE JAPONAIS

ET

LES ARCHIVES DE M. DE SIEBOLD.

De tous les ouvrages qui ont paru jusqu'à présent sur l'empire japonais, il n'y en a pas de plus considérable et de plus digne d'étude que celui dont M. de Siebold a entrepris la publication sous le titre de *Nippon*, ou Archives pour la description du Japon. Il est, sans doute, à regretter qu'une telle publication n'ait pas été achevée, et que, pour ainsi dire, il n'y ait pas même une seule partie qui ne réclame un complément. Mais quand on songe à la quantité prodigieuse de matériaux que renferment les parties publiées, on se plaît à oublier les lacunes, pour ne songer qu'aux richesses scientifiques que le travail y a accumulées.

Avant M. de Siebold, on avait déjà beaucoup écrit sur le Japon. Malheureusement, tous les livres rédigés sur cette intéressante contrée n'ont pas contribué à nous donner des connaissances claires et précises. Les innombrables écrits que répandirent à profusion aux siècles derniers les Pères de la Compagnie de Jésus ne sont assurément pas sans utilité pour nous faire apprécier les pays dont ils traitent ; il faut cependant avouer que la précision a été si peu leur qualité prédominante, qu'après les avoir lus, on ne sait trop quel parti tirer des renseignements qu'ils renferment. Après les Lettres et les Avis des Pères de la Compagnie de Jésus, nous devons aux Hollandais les meilleures descriptions du Japon. Celles de Kæmpfer[1] et de Thunberg[2] sont les plus célèbres, et, à plus d'un titre, elles méritent la réputation dont elles jouissent. L'une et l'autre ont été rédigées par des témoins oculaires, doués de connaissances scientifiques étendues, mais auxquels il a manqué la connaissance de la langue chinoise et de la langue japonaise, également indispensables à quiconque veut pénétrer à fond la civilisation du Nippon. Ces deux célèbres voyageurs demeurèrent trop peu de temps au Japon pour dévoiler les mystères d'une nation que tous les efforts de son gouvernement cherchaient à maintenir dans l'ombre. Siebold, au contraire, demeura plus de sept années consécutives dans le pays ; il vécut au milieu des indigènes, y trouva des amis et des élèves dévoués, et obtint de la sorte sur tous ses devanciers les plus inappréciables avantages. Aidé dans ses recherches et dans ses travaux par plusieurs lettrés du Nippon, il parvint à se former des collections d'autant plus précieuses qu'elles avaient été créées avec discernement et connaissance de cause. Une foule de touristes chargés d'objets de provenance étrangère ne nous apprennent rien, parce qu'ils ont laissé à l'aveugle hasard le soin de remplir leurs caisses et leurs valises. Ce que rapporta Siebold, livres et manuscrits, échantillons d'histoire

[1] L'ouvrage de Kæmpfer avait été rédigé primitivement en hollandais. Acheté par Sir Hans Sloane, il fut traduit en anglais et parut pour la première fois sous le titre de : *The history of Japan, with an account of the ancient and present state and government of that Empire*, etc. Translated from the high dutch manuscript of the author, by J. J. Scheuchzer. London, 1827-1828 ; 2 vol. in-folio avec planches et cartes.

[2] La relation de Thunberg parut d'abord en langue suédoise, sous le titre de : *Resa uti Europa-Asia-Africa*. Upsal, 1789-1793 ; 4 vol. in-8°.

naturelle, objets d'art et d'ethnographie, tout vint enrichir la science de faits nouveaux et inattendus.

De retour en Europe, M. Philip Franz von Siebold s'occupa de mettre en ordre les nombreux matériaux qu'il avait recueillis; et, afin d'en tirer le meilleur parti possible, il associa à ses recherches le docteur J. Hoffmann, Hollandais, savant distingué, qui entreprit avec ces nouveaux secours l'étude jusqu'alors complétement ignorée de la langue japonaise. Les livres bilingues, japonais et chinois, de la collection Siebold durent fournir les moyens de mener cette étude à bonne fin. Les connaissances du docteur Hoffmann en chinois lui furent également d'un grand secours; et, après un certain temps, il se trouva en état d'ajouter aux documents recueillis dans le pays par M. de Siebold les renseignements, pour le moins aussi précieux, que renfermaient les livres japonais mis à sa disposition.

Il résulta de cette collaboration le grand ouvrage intitulé *Nippon* (le Japon), qui renferme, ce nous semble, cinq parties distinctes: la première, philologique et en quelque sorte la clef des autres; la seconde, géographique et descriptive; la troisième, historique; la quatrième, mythologique et religieuse; la cinquième, scientifique, consacrée tout spécialement à plusieurs branches de l'histoire naturelle.

I.

Je ne m'étendrai pas longuement sur la partie philologique des *Archives* de M. de Siebold, le sujet présentant un caractère trop spécial pour être traité simultanément avec les autres sections de l'ouvrage. Quelques mots ne seront cependant pas déplacés, ne fût-ce que pour constater en passant la haute valeur de la littérature japonaise dont les richesses sont demeurées jusqu'à présent complétement ignorées.

Les Japonais sont essentiellement amis des lettres. Dans toutes les familles, même les plus pauvres, on rencontre des livres. Les villes du Nippon de quelque importance ont une ou plusieurs grandes bibliothèques, et celles de Myako et de Yédo comptent parmi les plus riches du globe. Le nombre des imprimés au Japon est considérable, et le commerce de la librairie y est des plus florissants. Malgré les procédés peu expéditifs de la xylographie, une quantité de publications nouvelles vient défrayer chaque année la curiosité du public. Les dames japonaises passent pour des lectrices infatigables, et beaucoup de jolis volumes, illustrés de figures en noir et en couleur, sont imprimés exprès pour elles [1].

La littérature japonaise offre une variété infinie de genres qui contribue à lui donner une nouvelle valeur. Il n'en est peut-être aucun qui n'y soit représenté. Outre les ouvrages religieux et philosophiques, les traités de sciences exactes et naturelles, de médecine et d'industrie, elle compte des livres d'histoire, des romans, des poëmes de toutes sortes, des drames, des comédies, etc. Il ne manque que des interprètes pour les traduire et pour nous en faire saisir le caractère et les beautés.

Parmi le très-petit nombre de livres japonais purement littéraires parvenus jusqu'à nous, un seul a été l'objet d'une version européenne. C'est une nouvelle d'un romancier bien connu au Japon, nommé *Riou-teï Tané-fiko* [2]. M. le docteur

[1] Dans le catalogue de la collection de M. de Siebold, on trouve mentionnés un certain nombre d'ouvrages spécialement destinés aux femmes et aux jeunes filles. A part les ouvrages scientifiques, qui ne sont pas sans attraits pour les dames japonaises, on y rencontre les titres de plusieurs livres du genre de nos romans et de nos morales en action, tel que le *Kon-ze teï-fou-zen* « Histoire des femmes qui dans ces derniers temps se sont rendues célèbres par leur chasteté, » en 5 volumes; le *Yé-hon Kô-fou-no ten* « Histoire illustrée des femmes pieuses, » en un volume. (Voy. *Cat. libr. et manuscript. japonic.* a Ph. Fr. de Siebold *collectorum*, in-folio.)

[2] La collection de M. de Siebold renferme un autre roman, également recherché, du même auteur et intitulé : *Otoba Tansitsi. Womina besi Tatoyéno avasima* « les Amours de la jeune Otoba et du marchand Tansitsi. » Yédo, 1822; 2 vol. in-8°.

Auguste Pfizmaïer, qui s'est efforcé de rendre l'original en allemand, a traduit le titre[1] par ces mots : « Six paravents considérés comme la représentation du monde passager[2]. » L'auteur a pour but de prouver la fausseté d'un proverbe japonais, suivant lequel les hommes, semblables à des paravents, seraient incapables de *droiture*. Avec le peu de connaissance que nous avons jusqu'à présent des mœurs japonaises, le travail de M. Pfizmaïer, malgré ses nombreuses imperfections, peut passer pour un tour de force philologique ; et, quelle que soit la quantité des passages qu'il n'a pu rendre d'une manière claire et précise, on doit lui savoir gré d'avoir le premier osé aborder un texte japonais dépourvu de toute explication étrangère.

La singularité de quelques scènes et la couleur toute particulière du récit font de la nouvelle de Tané-fiko un petit écrit plein d'originalité et d'intérêt. La préface suffira pour en donner une certaine idée.

« Ce qu'on ne trouvera pas dans ce livre, ce sont d'abord des exploits contre l'ennemi, des magiciens, de la sorcellerie, des contes de fées, des chacals, des loups et des crapauds. Des arbres généalogiques, des bijoux et autres choses vaines ne s'y trouveront pas davantage. La similitude de nom entre le père et le fils, entre le frère aîné et le frère cadet, des coffres scellés et des aiguilles de tête, des révélations des dieux et de Bouddha par les songes, des glaives meurtriers tournés les uns contre les autres, choses qui font glacer le sang, ne s'y rencontrent en aucune façon. Persuadé de la fausseté du proverbe : « Les hommes et les paravents ne peuvent pas se tenir droits, » nous avons rassemblé sur six paravents (lesquels dédaignent d'être pliés), c'est-à-dire sur ce papier fragile, orné de dessins, les courtes inspirations du *Bon-Conseil*, et nous les avons offertes au public sous les formes nouvelles de ce monde périssable. »

[1] *Oukiyo sin kata rok maï byô-bou.* Yédo, 1820 ; 2 vol. in-8°.

[2] *Sechs Wandschirme in Gestalten der Vergänglichen Welt.* Ein japanischer Roman. Wien, 1847 ; in-8°.

N'étendons pas davantage cette digression, et revenons à notre sujet.

Après les romans, qui ont le mérite d'initier aux mœurs des peuples et de nous en faire connaître les grands et petits travers, les pièces de théâtre japonaises, les drames antiques surtout, rédigés dans la langue sonore et sacrée de Yamato, ont pour nous un intérêt philologique de premier ordre. Les parties publiées des *Archives* de M. de Siebold, — il faut le regretter, — ne traitent pas de ces inappréciables monuments de la littérature du Nippon; et il est à craindre que cette lacune ne tarde à être remplie, d'autant plus qu'il n'existe qu'un nombre fort restreint d'ouvrages de ce genre dans les bibliothèques publiques des principales villes de l'Europe.

Les livres d'histoire ne sont guère mieux connus, bien que plusieurs traductions d'ouvrages historiques aient déjà été publiées[1]. Cela provient sans doute des difficultés inhérentes aux textes purement japonais, difficultés qui ont engagé les orientalistes à ne s'occuper que des livres chronologiques, dont le style, en grande partie chinois, est ordinairement de la plus monotone simplicité. Les véritables historiens n'ont pas été abordés : et c'eût été cependant par leur seule lecture qu'on eût pu acquérir une juste idée du mérite de cette branche de la littérature japonaise. Nous avons étudié plusieurs portions de deux célèbres chroniques : l'une, intitulée *Daï-feï-ki* ou « Histoire de la Grande Paix (recouvrée), » est un récit des guerres civiles qui désolèrent le Japon depuis le règne du mikado Daï-go II jusqu'à la fin de l'ère de la Vertu éclatante, sous le règne de Ko-mats II (c'est-à-dire de 1320 à 1393), et qui aboutirent à la pacification de l'empire, en réunissant sous le même sceptre les

[1] *Annales des Empereurs du Japon* (traduction d'Isaac Titsingh, revue par Klaproth). M. Hoffman, dans le *Nippon*, t. VII, p. 88, caractérise ainsi qu'il suit cette version du *Nippon-wô-daï itsí-ran* : « Was die des ersten (l'ouvrage en question) angeht, weichen mehr als zwei Drittel des Buches vom Sinne des Originals ab. » — *Wa-Kan nen-keï, oder Geschichtstabellen von Japan*, aus dem Originale übersetzt von Dr J. Hoffmann.

deux États qui partageaient alors le Japon sous le titre de « Cour du Nord » et de « Cour du Sud ; » — l'autre, connue sous le nom de *Feï-ké mono-gatari* ou « Histoire de la Maison de Feï-ké, » renferme le tableau des guerres et des événements tragiques qui ont signalé l'époque désastreuse de la lutte des deux illustres familles de Feï-ké et de Ghen-si, lutte qui s'est terminée par le triomphe de la dernière et l'anéantissement de sa rivale. Ce second ouvrage a peut-être un caractère plus romanesque que le premier ; mais la forme n'en est pas moins concise, bien que le style en soit plus attrayant.

Les collections européennes de livres japonais dont j'ai pu avoir connaissance renferment surtout des traités d'histoire naturelle. Les manuels de botanique y tiennent le plus de place. Faut-il en conclure, comme le veulent certains voyageurs, que le Japon est tout à la fois un jardin d'herborisation et une terre promise pour les botanistes ? Les catalogues de nos bibliothèques le feraient croire.

Pour quiconque veut entreprendre l'étude d'une littérature, les premiers livres nécessaires sont les dictionnaires et les encyclopédies. Ces sortes d'ouvrages sont, au Japon, très-répandus et rédigés avec un soin tout particulier. Les grands lexiques japonais sont des travaux qui dénotent une profonde érudition, et ils seraient d'une utilité immense pour nous, si les mots y étaient rangés dans un ordre alphabétique de nature à faciliter les recherches. Malheureusement, ces lexiques sont composés pour les indigènes et non pour nous, d'où il résulte que leur usage est extrêmement pénible, surtout pour ceux qui n'ont pas souvent l'occasion d'y recourir [1].

Les orientalistes connaissent depuis assez longtemps l'existence d'un ouvrage en quatre-vingt volumes que l'on a l'habitude de désigner sous le nom de « Grande Encyclopédie

[1] Voyez, sur la nature et la disposition des dictionnaires japonais, les Remarques que nous avons publiées dans le *Journal asiatique*, 5ᵉ série, t. XI, p. 256 et suiv.

japonaise[1]. » C'est un livre instructif, rempli d'une foule de notices intéressantes sur toutes sortes de sujets, mais qui a le défaut de porter une date déjà ancienne. Une nouvelle édition de cet ouvrage, ou un autre du même genre de date plus récente, nous initierait sans doute à une foule de faits curieux relatifs aux sciences, aux arts et à l'industrie des insulaires de l'extrême Orient.

Après ce grand ouvrage, rédigé principalement en chinois, le catalogue de la collection de Siebold mentionne encore plusieurs publications encyclopédiques dont nous avons pu avoir connaissance. L'une d'elles, intitulée *Kin-mo-dzou-i*, porte la date de la première année Kwan-seï (1789) et renferme vingt et un livres ornés de figures auxquelles sont jointes de petites notices pour l'instruction de la jeunesse ; elle ne sera pas consultée sans intérêt pour notre propre instruction, surtout si l'on considère l'état encore infime où en sont nos connaissances relatives au Japon. Une autre encyclopédie, le *Nippon San-kaï-meï-san dzou-yé*, renferme une série de notions extrêmement curieuses sur les principaux produits que les Japonais tirent de leurs îles ou des mers qui les environnent. Sans parler de l'article sur la porcelaine, qui a déjà été traduit[2], cette encyclopédie renferme une suite de monographies parmi lesquelles je me bornerai à citer celles qui sont consacrées à la fabrication du *saké*[3], liqueur fermentée très-répandue dans tout l'archipel de l'extrême Orient ; aux abeilles[4] et à la cire[5] qui en provient ; à la chasse aux ours[6] ; à la pêche d'une foule de poissons divers, etc.

[1] Le titre de cette encyclopédie est *Wa-Kan san-saï dzou-yé*. Une analyse ou plutôt un index en a été publié par Abel-Rémusat dans le onzième volume des *Notices et extraits des manuscrits*. Nous en avons traduit plusieurs fragments tant dans le *Journal asiatique* que dans d'autres publications.

[2] Cette notice sur la porcelaine (*yaki-mono*) a été traduite en français par M. Hoffmann, et insérée dans le *Journal asiatique*, t. V, p. 198.

[3] Section *Saké-tsoukouri*.

[4] En japonais : *fatsi-mits*.

[5] En japonais : *mitsou-rô*. — [6] En japonais : *Kouma-wo torou*.

II.

Le nom de *Japon*, chez les indigènes *Nippon*, signifie « l'origine du soleil, le soleil levant, » et s'applique spécialement à la grande île de l'archipel japonais. On se sert, dans le même sens, du mot *Yamato* « le pays des montagnes, » bien que cette dénomination soit plus particulièrement consacrée à la province dans laquelle se trouve la Cour du mikado. Les Japonais appellent tout le territoire qui leur est soumis *Daï Nippon* « le grand Nippon. »

Le Japon proprement dit se compose des trois grandes îles Nippon, Kiou-siou et Si-kok, et des plus petites Sado, Tsousima, Awadzi, Tanéga-sima, Iki, Yakou-sima, Oho-sima, Fatsidzyô-sima, Amakousa, Firato, etc. des groupes de Oki—, Gotô—, Kosiki— et Nana-sima, et d'une quantité prodigieuse d'îlots et de rochers. Les pays voisins, considérés comme dépendances de l'empire, sont l'île de Yéso et les Kouriles du sud, savoir : Kounasiri (*Kounachir*), Sikotan (*Tchikotan*), Ýétorop et Ouroup; la partie méridionale de l'île de Krafto[1] et l'archipel de Mou-nin-sima (*Bonin*). Il faut joindre à ces îles, et parmi les pays protégés, les îles Loutchou, dont le groupe septentrional est en grande partie habité par des Japonais. De la sorte, l'empire du Japon s'étend du 121° 03′ au 148° 30′ long. or. (mérid. de Paris), c'est-à-dire de Yona-kouni, l'île la plus occidentale du groupe Lou-tchouan du sud, à la petite île Ribountsiriboï, la plus orientale de celles qu'on nomme Drie Zusters, au nord de Ouroup, — et du 24°16′ au 50° lat. bor. environ, c'est-à-dire de Fasyôkan, la plus méridionale du groupe Loutchouan du sud, au cap Rionaï, possession japonaise la plus septentrionale, à Krafto[2]. Le nombre total des îles et îlots de

[1] Une correspondance adressée du Japon au *Journal des Débats* a annoncé la cession de cette portion de Krafto à la Russie.

[2] Witsen, *Noord-en Oost-Tartarye*, t. II, p. 39 et suiv. cité par M. de Siebold, *Mathematische und physische Geographie von Japan*, p. 18.

l'empire japonais s'élève ainsi au chiffre de 3,850, et sa superficie territoriale est de 73,200,326 milles carrés, dont 6,996,140 doivent être aujourd'hui retranchés par suite de la cession de Krafto à la Russie.

Le climat des îles du Japon est beaucoup plus froid que celui des contrées de l'Europe occidentale placées sous les mêmes latitudes. L'âpreté relative du climat asiatique, comparé à celui de nos contrées, a d'ailleurs été plus d'une fois constatée. Le sud de l'île de Yéso, sous la latitude de Madrid, endure des hivers très-vifs, durant lesquels le thermomètre descend jusqu'à 15° au-dessous de zéro (Réaumur). Entre le 38° et le 40° de latitude nord, sur le parallèle de Lisbonne, la glace recouvre les lacs et les fleuves jusqu'à une profondeur suffisante pour qu'on puisse les traverser à pied sans danger. Le riz ne croît déjà plus dans l'île de Tsou-sima (34° 12' lat. bor.), et le blé ne parvient que difficilement à sa maturité dans les environs de Mats-mayé (41° 30' lat. bor.). Sur la côte sud et sud-est du Japon, la température est plus douce, grâce à la haute chaîne de montagnes qui garanti le pays des vents glacés de l'Asie. De ce côté, on rencontre déjà le palmier, le bananier, le myrte et d'autres végétaux de la zone torride, entre le 31° et le 34° de latitude nord; dans certaines localités, on cultive avec succès la canne à sucre, et les rizières produisent annuellement deux récoltes.

L'orographie japonaise attira tout particulièrement l'attention de M. de Siebold; mais la liberté dont il jouissait était le plus souvent insuffisante pour accomplir les travaux qu'il avait en vue. Pendant son voyage de Nagasaki à Kokoura, il put obtenir des données précises sur le Woun-zent Daké « le mont des sources d'eau chaude, » volcan encore en activité, situé dans la partie orientale de l'île de Fi-zen et que l'on peut considérer comme une des bouches à feu de l'immense fleuve souterrain qui, des îles Moluques et des Philippines, atteint par les archipels Loutchouan, Japonais et Kourilen, la presqu'île de Kamtchatka, d'où il continue sa course vers le nord pour aller expirer au sein des glaces éternelles des régions polaires. La hauteur de ce volcan est de 1,253 mètres[1]. Sa terrible irruption de 1792 a maintenu jusqu'à présent la terreur parmi les indigènes qui habitent ses environs. Le Woun-zen-Daké a la forme d'une pyramide tronquée. Son aspect raboteux et inculte, son large cratère éboulé, d'où s'exhalent sans cesse de la vapeur et de la fumée qui se condensent en d'épais nuages, montrent avec évidence qu'il a dû causer de nombreux sinistres et qu'il est en état d'en causer encore. Cette opinion est d'ailleurs confirmée par la présence des nombreuses sources perpétuellement en ébullition qu'on rencontre sur ses flancs, et par les nouveaux cratères qui se manifestent çà et là au milieu de montagnes sorties du fond de la mer et aujourd'hui complétement écroulées.

Les chroniques indigènes, suivant M. de Siebold, ne parlent d'aucune irruption de ce volcan avant la fin du siècle dernier, bien qu'il soit hors de doute qu'il y en ait eu au moins mille années auparavant. L'édification, sur le rivage, d'un temple au génie de la montagne, sous le règne du mikado Mon-mou Ten-wô[2], donne à croire que les habitants de la contrée avoisinante avaient cherché, par ce moyen, à calmer la colère de la terrible divinité qui présidait aux éruptions. Les preuves historiques de cette affirmation sont du reste superflues, puisque l'examen géologique du Woun-zen-Daké ne laisse aucune espèce d'incertitude à cet égard.

L'archipel japonais renferme cinq villes qualifiées du titre d'*Impériales*, parce qu'elles ne sont point soumises au régime féodal et relèvent directement de l'autorité du séô-goun. Ces cinq villes sont : Myako, Yédo, Ohosaka, Nagasaki et Sakaï. M. de Siebold a séjourné dans les quatre premières, mais presque toujours trop peu de temps pour en acquérir une connaissance plus que superficielle.

[1] M. de Siebold doit la mesure de ce volcan à un de ses élèves japonais, le Dr Késak, à qui il avait enseigné les opérations barométriques pour la détermination des hauteurs.

[2] De 697 à 707 de notre ère.

La résidence de l'illustre voyageur à Désima lui a permis cependant de recueillir un certain nombre de renseignements précis sur le port de Nagasaki, auquel est attenante, comme on sait, la factorerie hollandaise. *Nagasaki,* dont le nom signifie littéralement « un long promontoire, » est situé sur une presqu'île dans la partie occidentale de l'île de Kiou-siou [1]. La défense du port est confiée alternativement au prince de Fi-zen et au prince de Tsi-kousen, qui entretiennent à leurs frais une garnison et les jonques de guerre nécessaires au service militaire de la baie. La population de la ville s'élevait, en 1826, à 29,127 habitants, non compris les fonctionnaires publics et les membres du clergé, dont le nombre total montait à environ 6,000 âmes. La ville et ses dépendances renfermaient 92 rues, 11,451 maisons, 62 pagodes ou monastères, un grand temple et cinq petites chapelles consacrées au culte des génies tutélaires du pays ou *Kami.* Outre les deux palais de l'État, les principaux édifices sont ceux qu'occupent le gouverneur, l'intendant des domaines impériaux, le commandant militaire, les deux maires, la chambre de commerce, le bureau des interprètes pour le chinois, le coréen et le hollandais, les chargés d'affaires des princes de Satsou-ma, de Tsou-sima et autres. On cite enfin, à Nagasaki, une prison, une maison de fous, des magasins publics, un arsenal, un chantier pour mettre à l'abri les petits bâtiments de guerre, un jardin botanique, une place de grève, plusieurs théâtres et une foule de maisons à thé (*Theehäuser*) et d'autres lieux fréquentés par les danseurs et les musiciens. Le commerce de Nagasaki est des plus animés [2].

Au sud-ouest de Nagasaki se trouve *Dé-sima,* nom qui signifie « île avancée. » C'est un îlot artificiel, construit de 1635

[1] Par 32° 45' de lat. bor. et par 127° 31' 25" long. orient. (méridien de Paris).

[2] Voyez, pour plus de détails, sur Naga-saki et son commerce, l'article que nous avons consacré à cette ville dans le *Dictionnaire du Commerce et de la Navigation*, publié par M. Guillaumin.

à 1636 aux frais du séô-goun Iyé-mits pour assigner aux Portugais une résidence déterminée dont ils ne pussent sortir qu'avec l'autorisation du gouvernement. La forme de cet îlot est celle d'un éventail ouvert. On raconte à ce sujet que lorsqu'on demanda au grand général quelle forme il voulait qu'on donnât à l'îlot projeté, l'autocrate japonais se contenta de montrer son éventail[1]. Un mur de basalte protége Dé-sima contre l'envahissement de la mer, qui, à marée haute, se trouve encore à six pieds au-dessous de l'île. La communication avec Nagasaki a lieu à l'aide d'un pont de pierre, dont le passage est soigneusement gardé. Une autre entrée, appelée par les Hollandais *Waterpoort* « porte marine, » est ouverte aux vaisseaux ancrés devant la ville. C'est de ce côté que se trouvent les habitations et les magasins de la factorerie. Un jardin botanique, créé par M. de Siebold, d'après l'ordre du gouvernement néerlandais, forme la principale promenade de l'endroit.

L'art de la navigation a fait des progrès considérables au Japon, surtout depuis quelques années. Il n'y était cultivé à l'époque du voyage de M. de Siebold que d'une façon assez rudimentaire. Par suite du système exclusif de la politique des seô-goun, le commerce maritime se bornait à un simple

[1] M. de Siebold pense avec raison que cette anecdote est pleinement historique. Le rôle de l'*éventail*, au Japon, dans toutes les circonstances de la vie, est des plus importants. Partie intégrante du costume national, il est porté aussi bien par les hommes que par les femmes, par les soldats que par les moines. C'est sur son éventail que le riche dépose l'offrande qu'il remet au pauvre, et encore sur un éventail que le seigneur reçoit les friandises dont il se régale. L'éventail s'abaisse devant les grands et les accompagne même à la cour, où il sert, en les rafraîchissant de la chaleur du jour, à leur faire prendre en patience la longueur de l'antichambre. C'est le voile derrière lequel la beauté dérobe son sourire et ses émotions ; c'est le jouet qu'agite nonchalamment sa main rêveuse. C'est l'instrument que le maître d'école tient en main pour punir, et en même temps l'objet favori qu'il possède pour récompenser. Un éventail, placé sur un plateau de forme particulière, annonce au criminel de famille noble la sentence qui le condamne, et c'est au moment où il tend les mains en actions de grâce vers ce funeste présent, que le bourreau doit accomplir son œuvre.

cabotage, ce qui ne nécessitait pas des connaissances nautiques bien étendues pour ceux qui s'y adonnaient. Néanmoins la fréquence des relations entre les ports de l'archipel avait contribué à répandre parmi les insulaires un goût prononcé pour la navigation et pour tout ce qui touche de près ou de loin à la science maritime. On ne peut nier d'ailleurs que les Japonais soient particulièrement doués pour la tactique navale. La position exceptionnelle de leurs îles, leur heureuse situation respective, tout, jusqu'à l'inclémence de leurs mers, devait développer chez eux, de bonne heure, des instincts nautiques. L'histoire nous rapporte en effet que, près de sept siècles avant notre ère, leur prince Sin-mou avait déjà une flottille de guerre assez puissante pour favoriser la marche rapide de ses conquêtes. Les relations fréquentes du Japon et de la Corée furent plus tard le signal d'une ère nouvelle pour la marine japonaise. Le nombre des vaisseaux s'accrut considérablement en peu d'années, et des améliorations furent introduites dans le système de leur construction.

Les voies de communication sont nombreuses et pour la plupart excellentes au Japon. Il existe dans plusieurs provinces des routes de poste dont la construction remonte à des temps fort reculés, puisqu'il en est déjà question dans les annales japonaises, dès l'époque de la fameuse impératrice Zin-gou. Elles sont généralement très-bien entretenues. Les fréquentes rencontres de voyageurs avec leur cortége ont fait décider par la police que, en pareil cas, chacun devait prendre à gauche, comme cela a lieu du reste en Angleterre.

Les distances dans tout l'Empire se calculent en *ri*[1] depuis le *Nippon-basi* « pont du Japon » à Yédo, qu'on considère comme point de départ. Par une singulière bizarrerie, les pays habités par les Yéta (hommes considérés comme impurs, parce qu'ils tuent et écorchent les animaux domesti-

[1] Le *ri* japonais, composé de 36 *matsi* = 114m45. Le degré, suivant la Cour des astronomes de Yédo, comprend 28 $\frac{1}{5}$ de *ri*.

ques) ne comptent pas, quelle que soit l'étendue du terrain qu'ils occupent, dans l'évaluation géométrique du territoire.

Le service postal se fait au moyen de courriers qui se rendent à des époques fixes aux stations principales, d'où partent d'autres courriers pour la distribution des lettres dans les localités secondaires. L'administration générale des postes réside à Oho-saka, qui est, comme nous l'avons déjà dit, la première ville commerçante du Japon. Une sorte de télégraphie, au moyen de feux mouvants, met rapidement en communication les différentes localités, lorsqu'il s'agit d'une affaire importante, comme serait, par exemple, l'arrivée d'une armée ennemie. Des auberges et des hôtels garnis pour les voyageurs se rencontrent à tous les relais de postes. Partout on est sûr de pouvoir prendre des bains chauds. Les *tavernes à thé* et les maisons de joie restent ouvertes jusqu'au milieu de la nuit.

Le nombre des ponts est très-considérable au Japon; on n'en compte pas moins de soixante et dix-neuf à Oho-saka et de soixante et quinze à Yédo. Les ponts de pierre sont rares et habituellement n'ont qu'une arche. Les ponts de bois, au contraire, sont fort communs et se remarquent sur tous les larges fleuves; celui de Oka-saki mesure trois cent quatre-vingt-dix-sept mètres.

Pour faciliter aux voyageurs les moyens de se guider dans leur route, les Japonais ont publié non-seulement des cartes très-détaillées, mais encore des *itinéraires* où l'on trouve une foule de renseignements utiles qui satisfont au désir du touriste sur tous les points de sa course. J'ai eu l'occasion de jeter les yeux sur plusieurs charmants petits volumes de ce genre, qui font partie de la collection du Musée britannique. Ils mériteraient d'être connus et étudiés par ceux qui composent des *guides* à l'usage de nos voyageurs.

III.

Le berceau de la civilisation japonaise, suivant M. de Siebold, a été la partie méridionale de l'île actuelle de Kiou-siou, qui portait, dans la haute antiquité, le nom de Tsou-kou-si; ce fut la résidence des aïeux de l'empereur Zin-mou, fondateur de la monarchie japonaise et premier mikado avec lequel commence la période authentique de l'histoire du Japon. Les expéditions conquérantes de ce prince et les guerres qui eurent lieu plus tard avec la Corée, Yéso et Lou-tchou, ont successivement étendu le champ des découvertes des Japonais, tant sur leur propre territoire que dans les pays voisins ou protégés par eux. Les ouvrages japonais nous donnent les événements suivants comme déterminant les principales époques de ces découvertes : constitution de l'empire des Mikado par Zin-mou (660 avant notre ère), campagne du prince Yamato-také contre les Atsouma-Yebi-sou «sauvages orientaux» (110 de notre ère), expédition maritime de l'impératrice Zin-gou en Corée (201), conquête de Moutsou-Yéso et d'une partie de l'île de Yéso par le prince Abeviravou (658), exil du prince Tamé-tomo à Oho-sima (1156), fuite du prince Yosi-tsoune d'Osyou à Yéso (1189), assujettissement des Yéso par Nobou-firo (1443), sous Yosi-firo (1594) et Nori-firo (1670); expédition conquérante de Taï-ko Fidé-yosi en Corée (de 1592 à 1597); et finalement la conquête des îles Lou-tchou par Yosi-fisa, prince de Satsouma (1609).

D'après ce qui précède, le terme le plus reculé de la chronologie japonaise serait le VIIe siècle avant notre ère. M. de Siebold penche à croire que les Japonais possédaient avant cette époque des connaissances chronologiques. L'histoire de Chine, observe-t-il, remonte à près de deux mille ans avant la fondation de la dynastie des Mikado; il n'est guère imaginable que les Chinois soient demeurés sans aucune espèce de rapport avec des îles aussi voisines de leur pays que celles du Japon pendant tant de siècles. Toujours est-il que les historiens chinois et japonais gardent le plus profond silence sur ces expéditions hypothétiques, et qu'il sera par cela même bien difficile, pour ne pas dire impossible, de leur donner le caractère d'authenticité que la critique est en droit d'exiger.

La plus profonde obscurité règne également sur la provenance des aïeux de Zin-mou. Les traditions fabuleuses les font habiter depuis des milliers d'années sur les monts Takatsiho, dans le pays de Hihoga, où leurs ancêtres à eux-mêmes, les dieux du ciel (*Ten-zin*), s'étaient établis des millions d'années auparavant. Quant à Zin-mou, les annales indigènes le font partir de Hihoga avec son expédition en l'an 667 avant notre ère, doubler le cap Miya-saki, longer la côte de Fiouga par le détroit de Hayasou-kado, qui sépare l'île de Kiou-siou de l'île de Si-kok. De là il se rendit à Yéno-miya, dans le pays d'Aki, et y choisit son quartier d'hiver. L'année suivante il navigua sur la côte de Kii, et atteignit jusqu'à Taka-sima, où il établit sa résidence.

Après avoir employé trois années dans cet endroit à l'équipement de ses vaisseaux et à d'autres préparatifs, il s'embarqua avec son expédition conquérante pour la région maritime Tsouno-kouni (baie actuelle d'Oho-saka). Il entra à l'embouchure du Naniva-gawa « le fleuve au rapide courant, » et en remonta le cours jusqu'à Sira-kata, dans la province de Kavatsi. Il laissa ses vaisseaux dans ce port, et marcha avec ses troupes sur Tatsou-ta « le champ des dragons, » dans la province de Yamato, où un ennemi puissant se présenta à sa rencontre. Il se trouva dans la nécessité de se replier en arrière, et résolut de mettre à la voile à Naniva pour se rendre à Kii, afin de tomber de là sur le dos de l'ennemi. C'était un voyage plein de dangers, car il fallait traverser un courant rapide, le détroit de Linschoten. Il prit terre dans le port Kouma-no Arasaka, au sud-est de la province de Kii; et, tout en courant différentes aventures, il pénétra dans l'intérieur du pays, où il réussit, après de longs et de rudes combats, à se rendre maître du Yamato. Il se construisit un palais dans la chênaie Kasi-fara, au pied du mont Wounebi, et monta sur le trône de Yamato. Telle était l'étendue du Japon connue en l'an 660 avant notre ère.

L'empire de Zin-mou ne doit pas être étendu, dans le Nippon, au delà de la province de Sagami vers le 35° de latitude nord. A partir de cette époque jusqu'au temps du dixième mikado Syou-nin, les provinces de Fitatsi, de Keno, Sinano et Kosino formèrent les frontières du Yébisou-no kouni « le pays des sauvages, » qui se nomme également *Mitsino-wokou.*

La 65° année du règne de ce même prince, la cour eut pour la première fois connaissance de la Corée, notamment des provinces de Minama et de Sinra. Sous le douzième mikado Keï-kô, des révoltes éclatèrent au sud et à l'est de l'empire. Le mikado marcha en personne contre la tribu des Kouma-oso, dans le Tsoukou-si; mais ce fut au prince Yamato-také qu'il fut donné de les assujettir pour la première fois. Ce héros célèbre marcha aussi contre les sauvages de l'est nommés *Atsouma-yébisou*, peuplades indépendantes dans la partie orientale du Nippon. Son expédition partit du Yamato vers la côte orientale de Isé, de là par Owari à Mikawa, Tohodomi, Sourouga jusqu'à Sagami, d'où il passa à Fousa, s'embarqua et doubla la pointe sud-est du Nippon. De là il pénétra dans le pays des sauvages jusqu'à la région où se trouve actuellement la ville de Sendaï, c'est-à-dire environ jusqu'au 38° de latitude nord. Toutes les tribus indépendantes dont il envahit le territoire se soumirent au héros de Yamato; aussi s'en retourna-t-il victorieux par le pays de Tsoukouba à Sakawori, dans le Kaï, où il avait l'intention d'établir sa résidence. Un soulèvement à Sinano ne tarda cependant pas à le rappeler en campagne. De Kaï, il continua sa route par Mousasi et s'avança jusqu'à Kami-tsouké. A la frontière de Sinano, près d'Ousoufi, il fit une répartition de ses troupes, en envoya une moitié à Kosi sous le commandement de Kibitsou-higo, conduisit l'autre moitié en personne à Sinano et dompta les séditieux. A Owari, il voulut de nouveau entrer en coalition avec Kibitsou; mais il mourut d'une maladie qu'il avait contractée en traversant la montagne Ibouki, dans le Nohono. Au pays d'Isé, la campagne du prince Yamato-také étendit considérablement la connaissance des pays situés dans la partie orientale et septentrionale du Nippon, et contribua à l'affermissement de l'autorité des mikado. Les expéditions qui eurent lieu par la suite contre les Coréens et les Yéso achevèrent de donner aux Japonais des notions exactes sur les différentes parties du Nippon et sur les autres îles qui l'avoisinent.

L'histoire de l'empire japonais, fondé, comme nous l'avons dit, près de sept siècles avant notre ère, comprend, depuis Zin-mou jusqu'au commencement de ce siècle (1817), cent vingt et un souverains ou mikado. Parmi ceux-ci on compte dix impératrices, dont le règne a été fécond en grands événements. Plusieurs d'entre elles se sont succédé à si peu d'intervalle qu'on aurait pu croire, pendant un temps, que le Japon était gouverné par des femmes. En effet, de 687 à 769, le beau sexe occupa cinq fois le trône, tandis que trois princes seulement purent s'y asseoir. Les soixante-deux premiers empereurs portèrent à la suite de leur nom le titre *ten-wô* « l'auguste du ciel; » leurs successeurs ont changé ces mots pour celui de *in*, qui signifie, dans les livres bouddhiques, « palais » et témoigne de leur foi à la doctrine de Sakya. Le quatre-vingt-unième mikado, An-tok, porte le titre de *ten-wô*, parce qu'il mourut, dit-on, avant d'avoir approfondi les principes du bouddhisme. Entre les années 1336 et 1392, le Japon fut divisé en deux cours, désignées dans les historiens sous les titres de cour du nord (*fok-tsyô*) et cour du sud (*nan-tsyô*).

Quant à la lignée héréditaire des Séogouns, elle commença, en 1186, avec le règne de Mina-motono Yori-tomo. Elle compte quarante-trois princes, depuis cette époque jusqu'à la fin du XVIIIe siècle.

IV.

A l'origine des choses, suivant la tradition populaire des Japonais, les éléments essentiels de la création n'étaient pas encore séparés, et le ciel se trouvait confondu avec la terre dans le chaos primordial. La matière inerte, à un moment donné, se sentit agitée par deux forces opposées qui rompirent les liens des éléments dans le chaos. La matière impure et pesante s'abaissa et forma la terre, en même temps que la matière pure et vaporeuse se dégageait pour former le ciel. Alors entre la terre et le ciel naquit un grand génie, nommé *Kouni toko-tatsi-no Mikoto* « l'Auguste perpétuellement existant (debout) dans l'empire. » Ce personnage, dont on reporte l'existence à d'innombrables millions d'années avant notre ère, paraît, dans la mythologie japonaise, répondre au Pouan-kou de la mythologie chinoise. Après Kouni-toko tatsi-no Mikoto viennent six autres génies qui complètent la dynastie des génies célestes. Le dernier, I-za-nagi-no Mikoto, a toujours été l'objet d'une vénération particulière de la part des Japonais. Les historiens du Nippon, qui se plaisaient à remonter jusqu'aux époques anté-historiques, considérèrent I-za-nagi et son épouse I-za-nami comme représentant le principe mâle et le principe femelle, analogues au *Yin* et au *Yang* de la dualité chinoise.

Tel est le point de départ de la religion primitive des anciens habitants du pays des montagnes (*Yamato*). Objet d'une vénération constante, ces mythes, qui remontent à une antiquité inappréciable, se sont conservés en faveur aussi quoi- dans la cabane du paysan que dans le palais impérial; et bien que le culte des Kami ne soit plus la religion dominante du Japon, il n'en est pas moins protégé par l'État, révéré du souverain et aimé du peuple.

Cette religion nationale est désignée en langue japonaise sous le nom de *Kami-no mitsi* « voie ou doctrine des Kami. » Ce n'est que plus tard qu'on l'a appelée *Sin-tô*, ce qui n'est autre chose que la traduction chinoise de sa dénomination indigène. On emploie pour l'ancien culte des génies les mots *Sin-tô*, en opposition avec *Bouttô* « le culte bouddhique, » apporté plus tard de l'Inde dans les îles de l'archipel japonais.

Le bouddhisme ou doctrine du Bouddha Sakya-mouni (lequel naquit le huitième jour du quatrième mois de l'an 1027 avant notre ère) fut transporté en Chine en 65 de Jésus-Christ, et de là en Corée en 372, d'où il arriva finalement au Japon en 552, sous le règne du mikado Kin-myó. On envoya de Corée, sous le règne suivant, les livres sacrés de Sakya, des idoles, des moines, des nonnes et des sculpteurs d'idoles; il n'en fallut pas davantage pour assurer l'établissement définitif du bouddhisme dans le pays. L'introduction de ce culte étranger éprouva d'abord une certaine résistance de la part des indigènes. Le peuple ne voulait souffrir aucun dieu étranger à côté de ses ancêtres divinisés, et les mikado, qui, grâce à cet attachement de leurs sujets, se voyaient l'objet d'honneurs divins, désiraient conserver cette prérogative et pour eux et pour leur race. Mais bientôt les adroites manœuvres des bonzes triomphèrent de tous les obstacles, et la nouvelle religion fut ouvertement prêchée et même protégée.

L'époque la plus florissante du bouddhisme au Japon est comprise entre le VIIe siècle et le commencement du IXe siècle. Toutefois cette doctrine fut loin de se conserver pure : un mélange d'idées et de cérémonies empruntées au sintoïsme fut bientôt le résultat du contact de ces deux religions. Vers le commencement du XIIIe siècle, le bonze Sin-ran institua la secte Ikko-zyou. L'une et l'autre se répandirent dans tout le royaume, mais principalement la première, qui, sous le nom de *Syô-tô Sin-syou* « nouvelle secte de Syô-tô, » est demeurée jusqu'à présent la plus en faveur.

L'introduction du christianisme, au milieu du XVIe siècle, fit éprouver un violent coup au bouddhisme japonais; il approchait même de sa ruine, dit M. de Siebold, mais la chute des chrétiens lui permit de se relever avec d'autant plus de vigueur. A côté du sintoïsme et du bouddhisme, il existe une troisième doctrine, appelée *Syou-tô*, qui repose sur la morale de Confucius et est cultivée par les classes supérieures et instruites de la population. Les ouvrages du philosophe chinois furent introduits originairement dans les années 59 et 282 de notre ère au Japon, où ils jouissaient déjà d'une haute estime à l'arrivée du bouddhisme. Un temple fut élevé au fondateur de cette morale; sa mémoire est célébrée par des fêtes annuelles; aux environs du temple qui lui est consacré on a fondé des écoles, et c'est là encore que fleurissent de nos jours les plus célèbres académies.

Dans la doctrine des sintoïstes, le soleil jouit, comme divinité, de la plus haute vénération. Viennent ensuite dans un rang inférieur les autres Kami qui, eux aussi, sont vénérés à un degré plus ou moins élevé, suivant la part qu'ils ont prise jadis au gouvernement de ce monde, ou suivant l'influence qu'ils ont exercée sur la destinée des hommes, sur leur bonheur ou sur leur malheur. L'homme fervent ne peut s'adresser directement à la divinité du soleil; aussi certains kami sont-ils en quelque sorte des intermédiaires ou entremetteurs entre lui et l'Être suprême. Ces kamis portent le nom de *syou-go-zin*, demi-dieux, génies gardiens et tutélaires. On croyait les reconnaître dans chacun des phénomènes extraordinaires de la nature; et comme les animaux passent également pour avoir rendu des services aux kami, on les vénère aussi comme *syou-go-zin*, serviteurs des kamis.

Les descendants de la race du dieu du soleil sont considérés comme les héritiers du trône et des vertus de leur aïeul céleste. Il en fut ainsi de Zin-mou, conquérant célèbre et fondateur d'un nouvel État dans le royaume des îles. Ses vertus divines se sont transmises avec vénération dans toute la lignée des empereurs ses descendants, qui, qualifiés du titre de Fils du ciel, constituèrent la maison des mikado.

Dans la personne de chaque prince régnant de cette maison, le sintoïsme fait revivre l'esprit du dieu du soleil. Il rend les honneurs divins à son représentant, et enseigne même qu'une fois par an tous les dieux du pays se réunissent sur son trône. Son âme est immortelle, et cette doctrine établit chez le peuple la croyance à une vie ultérieure. Le sintoïste se propose pour but, il est vrai, d'être heureux durant son existence terrestre; mais il a une notion, quelque obscure et imparfaite qu'elle soit, de l'immortalité de l'âme, d'un état continu de bonheur ou de malheur, de prospérité ou de misère au delà de cette vie. A l'idée de l'immortalité s'attache pour lui celle de la récompense du bien et du châtiment du mal, ainsi que d'un lieu où l'âme arrive après cette vie. Des juges célestes exigent qu'il leur rende compte de ses actions. Le paradis[1] échoit en partage au bon, et il entre dans le royaume des kami; les méchants sont punis et précipités dans l'enfer[2]. Le sintoïsme prescrit aux croyants des instructions pour obtenir la félicité terrestre et pour s'assurer ensuite de la consolation dans l'autre vie. Ces instructions se résument dans les suivantes : « Pour servir les kami on doit entretenir du feu pur, porter dans le cœur la foi et la vérité, présenter des offrandes fraîches et pures, prier que le kami accorde la santé et la prospérité, le pardon des fautes, et que l'âme du pêcheur soit purifiée afin qu'il reste exempt de tout mal[3]. » En conséquence, le sintoïste s'efforce, 1° d'entretenir du feu pur; 2° par la pureté de la vie d'annoncer la pureté de l'âme; 3° de célébrer les jours de fête et les jours sacrés; 4° d'entreprendre des pèlerinages; 5° de servir les kami chez soi ainsi que dans les lieux publics, et de leur présenter des prières et de pures offrandes[4].

Le bouddhisme au Japon, comme partout ailleurs où il a pénétré, se manifeste sous deux aspects très-tranchés. Dans les basses classes du peuple, il se réduit à un culte grossier et superstitieux, où tous les dogmes disparaissent sous une

[1] En japonais : *Taka-ma-naka-hara.*

[2] En japonais : *Neno kouni.*

[3] Les cinq maux principaux qui peuvent frapper l'homme sont : 1° le feu du ciel et en général tous les accidents de la nature ; 2° la maladie ; 3° l'indigence ; 4° l'exil ; 5° la mort prématurée.

[4] Les principales fêtes des kami sont celles d'*Ama-terasou-oho-kami*, dieu du soleil (Sonnengottheit); de l'héroïne *Zin-gou ;* du dieu de la guerre, *Fatsi-man ;* du héros de *Souwa ;* du dieu de la lune, *Sosa-no-wo-no-mikoto ;* du *Ten-sin* de *Ten-man-gou,* du dieu de paravent, du mikado à Kimo (Schirmgott); du dieu de l'eau, *Midzou-no-kami ;* du porteur d'épis de riz, *Inari* (Reissährentræger); du dieu de la mer, *Yébisou*, etc.

innombrable quantité d'idoles et de reliques. Dans les classes éclairées, au contraire, il repose sur tout un système de doctrines profondes et abstraites que l'Orient n'a jamais su dépasser[1]. Ce système, d'après les informations recueillies par M. de Siebold, est basé sur les principes suivants : « L'homme est sorti de rien et n'a rien qui puisse éveiller dans ses semblables l'idée du mal. Une âme, de nature spirituelle, anime le corps humain; c'est une émanation de la divinité qui habite dans cette enveloppe pour diriger les actions humaines. Le devoir de l'homme est de se garantir contre les impressions pernicieuses du monde extérieur, ce qu'il peut faire en ne suivant que les impulsions de la divinité qui repose en lui. Le corps humain, fait de rien, après la mort retourne à rien; l'âme subsiste au delà de la vie : celle du méchant erre éternellement dans les espaces infinis, celle du bon dans le palais du Dieu unique, où elle repose jusqu'à ce que, les habitants de la terre ayant besoin de l'existence d'un homme bon, elle soit renvoyée dans ce monde sous une forme humaine. » Cet exposé succinct des principaux dogmes du bouddhisme éclairé du Japon, s'il est parfaitement exact, démontre une fois de plus combien cette doctrine se présente sous des aspects divers dans les nombreuses contrées où elle a pris racine.

[1] M. de Siebold va plus loin. Il résulterait des autorités japonaises dont il a pu prendre connaissance, que la distance qui sépare le bouddhisme populaire du bouddhisme ascétique est telle, qu'il faut voir d'un côté un culte tout matériel et fétichiste, tandis que de l'autre existe une religion fondée sur une adoration intérieure et spirituelle de la divinité. « Die Dogmen und der « Cultus der Buddhismen, so wie auf Japan besteht, lassen sich, nach « Angabe japanischer Schriftsgelehrten in zwei Klassen, in die *höhere* und « in die *niedere Glaubenslehre* entheilen. Diese macht die Volksreligion aus, « und äusserst sich in einen sinnlichen Cultus und Bilderdienst, jene *ist die « Religion der Priester, gegründet auf eine innere, geistige Gottesverehrung.* » (Voy. *Pantheon von Nippon*, p. 36.)

V.

M. de Siebold est avant tout naturaliste; aussi les parties de son grand ouvrage consacrées à l'histoire naturelle sont-elles sans contredit les meilleures. Doué de solides connaissances dans les différentes branches de la science, et surtout dans la botanique qu'il a toujours cultivée avec amour, il était hors de doute qu'au sein de la contrée qu'on a appelée *le jardin des botanistes*, il ne trouvât une ample moisson à recueillir. Sa Flore[1] et sa Faune[2] japonaises en font témoignage: malheureusement, comme presque toutes les publications entreprises par l'illustre voyageur, elles n'ont pas été achevées.

Les données anthropologiques recueillies par M. de Siebold ont été insérées à la suite de son Voyage; elles sont jusqu'à présent les plus précises qui aient été recueillies dans l'intérêt de l'ethnographie de l'Asie orientale.

Pendant longtemps on a confondu la race japonaise avec la race coréenne et même avec la population chinoise du Céleste-Empire. Plus tard Klaproth, au contraire, ne trouvant pour ainsi dire aucune analogie entre la langue japonaise et les idiomes asiatiques, se crut en droit de conclure à l'autonomie de la race qui habite le Nippon. Des observations rigoureusement scientifiques de M. de Siebold, non moins que des progrès de la philologie nouvelle, il résulte d'une façon à peu près incontestable[3] qu'il faut considérer les Japonais comme un rameau distinct de la race tatare,

[1] *Flora japonica, sive plantæ quas in imperio japonico collegit, descripsit, ex parte in ipsis locis pingendas curavit* Ph. Fr. de S. *et digessit* Dr J. G. Zuccarini. Lugd. Batav. 1835, in-fol.

[2] *Fauna japonica, sive descriptio animalium quæ in itinere per Japoniam suscepto, annis 1823-1830, collegit, notis, observationibus et adumbrationibus illustravit* Ph. Fr. de S. *conjunctis studiis* C. J. Temminck, H. Schlegel, *pro vertebratis, atque* W. de Haan *pro invertebratis elaborata.* Lugd. Bat. 1833-1850, 5 vol. in-folio.

[3] Voyez les observations que nous avons consignées à ce point de vue dans notre *Introduction à l'étude de la langue japonaise*, p. 58.

très-voisin du rameau coréen [1], mais dont la civilisation, tout en remontant à des temps extrêmement éloignés, date cependant d'une époque postérieure à leur établissement dans le grand archipel de l'extrême Asie.

Les principaux caractères anatomiques qui peuvent servir au classement des races humaines sont ordinairement ceux qui dépendent de la forme et de la capacité du crâne, des linéaments du visage, de la couleur de l'iris, de la nature et de la disposition du système pileux, de la configuration des autres parties du squelette, et enfin de la nuance de la peau [2]. Chez les peuples de l'extrême Orient, la structure des yeux est des plus caractéristiques. Aussi M. de Siebold s'est-il appliqué tout particulièrement à l'examen ophthalmographique des Japonais. Les renseignements qu'il a recueillis à ce sujet se trouvent consignés dans une des sections de ses Archives dont voici la traduction [3] :

« L'obliquité des yeux, qu'on a considérée comme un signe caractéristique dans les linéaments du visage de la race chinoise, n'est à proprement parler qu'une obliquité des paupières, un abaissement de celles-ci vers le nez. Ce n'est pas quelque chose d'accidentel ni de factice, mais le résultat d'une conformation particulière de la partie extérieure des yeux, conformation fondée sur la charpente osseuse du crâne et du visage.

« Cette apparente obliquité, qui se présente souvent avec une petitesse frappante de l'ouverture de l'œil, est détermi-

[1] Au point de vue anthropologique surtout, les Japonais et les Coréens offrent les plus grands rapports de ressemblance.

[2] Il ne faut cependant tenir compte de ces caractères anatomiques qu'avec de grandes réserves. La comparaison de l'occiput chez les différentes races humaines, suivant M. Aitkens Meigs, placerait les Japonais et les Loutchouans dans deux classes distinctes. (*Proceed. of the Acad. of nat. scienc. of Philadelphia*, 1860, p. 404, 414, 415.)

[3] De pareilles études présentent de grandes difficultés de traduction. Afin de ne dénaturer en rien les observations de M. de Siebold, nous nous sommes efforcé de suivre littéralement le texte allemand toutes les fois que les nécessités de notre langue et la clarté qu'elle exige ne s'y sont point opposées.

née par la structure particulière de l'os frontal et des os de la face, ainsi que par la forme des paupières qu'elle engendre.

« Chez ces peuples, l'arcade sourcilière[1] se perd vers l'os frontal, de façon à déterminer une sorte de bourrelet moins saillant que large dans la proéminence nasale[2], laquelle se montre au-dessous des *glabella*, plus large et plus allongée que cela ne s'observe chez la race caucasique: et, à la dépression[3] qui se manifeste là où commence l'os du nez, cette proéminence plonge encore plus profondément. En outre, la partie de l'os maxillaire supérieur[4] qui se rattache au nez est plus enfoncée, ce qui explique la forme plate et écrasée du nez par cela même très-raccourci.

« L'os zygomatique[5], par suite de l'élargissement des apophyses malaires[6], se trouve repoussé en arrière, ce qui donne plus d'épaisseur à la paroi extérieure de la partie de l'orbite[7] qui s'étend vers le front[8]. L'apophyse malaire qui tient à l'os frontal[9] est plus aplatie et s'éloigne par conséquent davantage de l'épine nasale[10] là où elle se réunit au front, de façon à former un angle moins aigu, ce qui donne à ce peuple une face plus plate et plus large.

« Les paupières sont des plis de la peau du visage. Comme cette peau s'applique sur un crâne large et plat et sur des os de la face ayant la même disposition, elle est beaucoup plus susceptible de s'étendre que cela n'a lieu pour la constitution craniologique toute différente de la race caucasique; car, chez celle-ci, la peau du visage doit recouvrir les proé-

[1] Arcus supraciliaris.
[2] Processus nasalis ossis frontis.
[3] Incisura nasalis.
[4] Processus nasalis ossium maxillarium superiorum.
[5] Ossa zygomatica.
[6] Processus zygomaticus.
[7] Superficies orbitalis ossis zygomatici.
[8] Processus frontalis ossis zygomatici.
[9] Processus molaris ossis frontis.
[10] Spina nasalis.

minences et les enfoncements prononcés qui se rencontrent alentour des orbites [1].

« Par suite de la dépression de la racine du nez, il y a un excès de peau entre les deux yeux. Mais, à raison de la proéminence des os malaires, une plus grande quantité de peau est nécessaire, et tandis qu'un relâchement de la peau a lieu là, ici se produit un étirement, ce qui fait plisser la peau des paupières supérieures. Elle retombe sur la paupière inférieure à l'angle interne de l'œil, et cela d'autant plus bas que la dépression de la racine nasale lui laisse de quoi s'étendre; la proéminence des os malaires lui donne en même temps plus d'extension, ce qui explique pourquoi l'on remarque plus fréquemment l'existence de ces plis chez les individus jeunes, et pourquoi elle est plus apparente chez les individus obèses que chez les individus maigres.

« Le peu de dimension de l'ouverture de l'œil tient aussi à cette surabondance de peau. Plus la disposition des os, l'âge, l'abondance de graisse ou d'autres circonstances favorisent la formation de ces plis et l'extension de la peau, plus l'ouverture de l'œil est petite. J'ai même remarqué un cas où plus d'un tiers du tarse, à l'angle intérieur des yeux, était couvert, et où la peau était tendue si roide que c'était tout au plus s'il pouvait y avoir une ouverture de quelques lignes entre les paupières.

« Dans les cas ordinaires, les angles intérieurs des yeux, chez les jeunes individus, sont couverts par les plis de la peau dont nous venons de parler, à un tel point qu'on peut voir la *valvula semilunaris* et la *caruncula lacrymalis;* et comme il résulte de là que la gouttière lacrymale est pour ainsi dire entourée d'une espèce de digue, il arrive fréquemment qu'en pleurant les larmes se déversent dans le nez.

« Comme à l'angle interne de l'œil le pli de la peau retombe

[1] M. de Siebold paraît supposer que la peau ne suit pas le développement des os qu'elle recouvre. Cette opinion nous paraît très-contestable. Dans l'hydrocéphalie, par exemple, le crâne peut acquérir un volume double en faisant subir à la peau un accroissement proportionnel.

obliquement de la paupière supérieure sur l'inférieure, il en résulte pour l'œil une apparence d'obliquité. On rencontre d'ailleurs une pareille disposition de l'œil chez tous les peuples dont la structure craniologique est analogue; et, jusque chez nos enfants, on remarque, bien qu'à un moindre degré, ce repli de la peau. Je l'ai trouvé particulièrement développé chez les Japonais, les Macassars, les Esquimaux et quelques autres peuples extra-européens.

« La partie externe des yeux présente chez les Japonais et chez les Chinois, ainsi que chez les Coréens et les Cochinchinois, une particularité remarquable. La partie supérieure du blanc de l'œil, au moment où celui-ci s'ouvre, s'enfonce si profondément sous la peau de la paupière supérieure que les cils eux-mêmes en sont à moitié recouverts. Cela rend plus effilée la ligne que trace la peau de la paupière en se dirigeant vers l'angle interne de l'œil, et la disposition oblique des paupières n'est que plus frappante au-dessous d'une arcade dépourvue de sourcils. »

La faune d'une contrée, aussi bien que sa flore, remarque M. Temminck, porte une empreinte des plus caractéristiques des régions au milieu desquelles elle se développe, et en fait en quelque sorte préjuger l'état primordial. En Australie, cette terre encore si énigmatique pour la science, se rencontre toute une série d'animaux à bourses qui lui sont propres, et notamment les singuliers monotrèmes[1], ces curieux mammifères qui tiennent à la fois des oiseaux et des reptiles. L'Afrique, avec ses immenses déserts et sa végétation, où se remarquent tout d'abord de gigantesques euphorbes et d'innombrables plantes bulbeuses, est plus riche en animaux ruminants qu'aucune autre partie du globe.

[1] Le nom de *monotrèmes*, du grec *μόνος* « seul » et *τρῆμα* « trou, » a été donné par Geoffroy Saint-Hilaire à des animaux propres à l'Australie, dont le caractère essentiel est de n'avoir qu'une seule ouverture pour rejeter au dehors la semence, l'urine et les excréments. M. de Blainville les a nommés *ornithodelphes* (du grec *ὄρνις* « oiseau » et *δελφὺς* « matrice, » parce que chez

La zoologie japonaise ne présente pas des espèces moins caractéristiques, et leur étude soulève une infinité de problèmes intéressants qu'il sera donné sans doute à de nouveaux investigateurs de résoudre.

La géologie de l'Asie orientale est encore trop peu connue pour qu'il soit possible de rien déterminer de précis sur la formation de l'archipel japonais, sur la soudure supposée de ses îles avec la terre ferme, et en un mot sur l'ensemble des révolutions volcaniques qui ont précédé la dernière époque de son peuplement. L'existence à Yéso d'un ours de beaucoup supérieur en taille à celui qui habite le Nippon; l'absence, dans ce dernier pays, du tigre royal (*felis tigris*) et de l'irbis (*felis irbis*), qui se rencontrent au contraire sur le continent et notamment en Corée, pourraient être jusqu'à un certain point alléguées en faveur de l'isolement primitif des îles de l'extrême Orient. Mais de telles préventions ne sauraient faire sortir la question du *statu quo* où elle est demeurée jusqu'à présent.

Le peuplement zoologique est moins nombreux au Japon que dans les îles de la Sonde et même aux Moluques. A part le chat domestique, on n'y a pas encore rencontré de carnassiers du genre *felis;* les genres *ursus* et *canis*, au contraire, y sont assez amplement représentés. On trouve également quelques individus des genres *martes* et *putorius*, un de l'espèce des singes, l'*inuus speciosus;* un petaurista nouveau, le *petaurista leucogenys*, à la robe grise et aux joues blanches; un antilope, une espèce du genre *sus* et le *cervus Nippon*, propres à ces îles; deux chéiroptères frugivores, plusieurs petits carnassiers et rongeurs nouveaux, et une otarie de grande taille également nouvelle.

A part la petite espèce de porc et le *lepus mongolicus*, les Japonais n'ont guère de gibier. M. Temminck se demande si ce serait à cause de cette pauvreté que les Japonais ont

ces animaux la fonction génératrice, sous certains rapports, les rapproche tout à la fois des mammifères et des oiseaux.

adopté l'habitude de ne point se nourrir de viande, pour laquelle ils ont même de l'horreur. Le savant naturaliste parait oublier que cette répulsion pour toute alimentation animale repose sur les idées religieuses en vigueur dans le pays, et que l'usage de la viande est anormal dans une foule de contrées de l'Asie où la nature ne fait certainement pas défaut, mais où le bouddhisme a surmonté les instincts carnivores des populations.

La même prohibition ne s'étendait pas sur les poissons; aussi les Japonais ont pu devenir, comme le remarque fort bien M. Temminck, une nation essentiellement ichthyophage. Il faut avouer, il est vrai, que les mers de l'extrême Orient étant très-poissonneuses, les indigènes ont dû adopter d'abord une nourriture tout à la fois abondante, copieuse et facile à recueillir.

L'ornithologie japonaise ne semble pas renfermer des espèces qui s'éloignent beaucoup de celles de l'Europe : on y admire de magnifiques gallinacés et peut-être les plus beaux faisans connus.

Dans la série des reptiles, on distingue surtout la salamandre gigantesque (*triton japonicus*), aux formes les plus bizarres, qui vit dans les eaux limpides des torrents; un crustacé nouveau, la *Maïa Kæmpferi*, dont la circonférence mesure plusieurs pieds, et les bras des mâles jusqu'à quatre pieds de longueur, redoutée des indigènes à cause des blessures qu'elle fait avec ses serres. L'entomologie enfin s'enrichit au Japon de coléoptères d'une grande dimension et d'une rare beauté.

De l'examen général de la faune japonaise et de ses rapports avec la faune européenne, M. Temminck croit pouvoir tirer une preuve nouvelle à l'appui d'une thèse suivant laquelle « il y a rapport d'organisation, de formes extérieures et de mœurs, entre le plus grand nombre des animaux qui habitent les latitudes correspondantes, quelque éloignées que puissent être entre elles les contrées où ils vivent et se propagent en liberté, sans que l'étendue plus ou moins vaste qui les sépare ait en cela la moindre influence[1]. » Cette observation me semble incomplète. Si l'on admet que la distribution des espèces répond à la nature des climats et non à des émigrations causées par des éventualités de divers genres, il faut également tenir compte de la condition du sol, de l'orographie et de l'hydrographie, d'où dépend sans contredit le peuplement végétal des régions, peuplement qui permet ou favorise plus ou moins le développement des espèces animales.

Nous ne nous étendrons pas davantage sur cette partie du grand ouvrage de M. de Siebold, d'abord parce qu'elle est jusqu'à un certain point étrangère aux matières dont nous avons à nous occuper dans ce journal, et que les sujets qui y sont décrits ne sauraient être analysés en peu de pages, ensuite parce qu'étant publiée en français, elle exclut un des motifs qui nous ont porté à rédiger cette notice des *Werke über Japan* de l'illustre voyageur néerlandais.

www.ingramcontent.com/pod-product-compliance
Ingram Content Group UK Ltd.
Pitfield, Milton Keynes, MK11 3LW, UK
UKHW020511180726
13839UKWH00005B/2021

9 782329 310640